EXAMEN

DU

LIBÉRALISME.

PAR UN LIBÉRAL.

A PARIS,

Chez {
DÉLAUNAY, Libraire, Palais – Royal, galeries de bois, N°. 243;
CORRÉARD, Libraire, Palais-Royal, galeries de bois, N°. 258.
PÉLICIER, Libraire, Palais-Royal, galeries des offices.

~~~~~~~~~~~~~~~~

1819.

IMPRIMERIE D'ANT. BAILLEUL,

RUE SAINTE-ANNE, N°. 71.

AVANT-PROPOS.

J'aborde, tout novice que je suis encore, une tâche difficile, et dont l'importance ne serait pas au - dessous des talens les mieux exercés. C'est l'amour de la liberté qui m'a donné ce courage, peut-être cette audace; mais c'est aux amis de la liberté que je m'adresse; c'est là mon public, ce sont là mes juges : au défaut du succès, l'indulgence peut-être accueillera mes premiers efforts.

Connais-toi toi-même, dit la philosophie. Ce conseil est sage, et je le veux suivre autant qu'il est en moi. J'aurais pu attendre que mon travail fournît un volume , et le présenter aux lecteurs sous cette forme plus grave et plus imposante; j'ai mieux aimé provoquer dès à présent le jugement infail-lible du *public*, en *publiant* ce petit nombre de chapitres. Le sort heureux ou malheureux qu'ils vont éprouver, sera ma sentence ; il m'avertira d'une manière sûre, ou que je puis poursuivre ma carrière, ou que je dois désormais laisser à de meilleures mains une entreprise plus grande que mes forces.

La même sagesse qui m'engage à m'essayer ainsi moi-même, expliquera suffisamment au lecteur l'anonyme que je garde pour cette première fois : au reste, ce que j'en dis, n'est que pour me dérober d'avance aux railleries de quelques mauvais plaisans, qui ne manqueraient pas de me complimenter sur ma modestie.

Je ne crois pas plus que le public à cette modestie des écrivains ; je pense, au contraire, qu'il n'y a pas de joie plus douce pour un auteur, que celle d'entendre mêler son nom aux louanges de son ouvrage; c'est là sa récompense : mais il est rare de l'obtenir, et chaque jour en voit plus d'un se repentir cuellement de s'être présenté avec trop de confiance pour la recevoir. Le seul moyen de ne pas exposer son amour propre à un pareil désappointement, est, à mon avis, de n'être pas trop prompt à se nommer; et c'est le parti que je prends, en homme prudent et sage, mais point du tout modeste, comme on voit.

C'est donc après ces mesures prises, et dans le dessein que j'ai d'abord expliqué, que je présente aux libéraux mes premières observations sur le libéralisme, et que j'attends mon arrêt avec crainte et tremblement; car il y va pour moi de la vie ou de la mort.

Oh! oh! M. le LIBÉRAL, va s'écrier, après avoir jeté un regard léger sur mes premières pages, un lecteur comme j'en connais tant, vous le prenez là sur un ton bien sérieux! plus sérieux assurément que ne le permet votre rôle d'observateur; tant d'austérité n'est pas du tout pour convenir à des lecteurs français. Vous avez violé la première, peut-être la seule condition du succès; vous avez méconnu le fameux *utile dulci* que nos chers compatriotes ont toujours eu pour devise favorite, et dont la loi, universelle chez nous, ne pèse sur personne plus rigoureusement que sur le publiciste. — Sur le publiciste ? — Assurément; et plus le genre est grave, plus on y doit mettre de vivacité légère, de souplesse et de grâces piquantes. Si vous n'avez ni épigrammes à décocher contre les ministres, ni ridicule à jeter sur telle ou telle mesure du gouvernement, ni enfin quelque niche à faire au parti opposé, pour divertir le vôtre, retirez-vous, vous n'êtes qu'un maladroit et un impertinent qui n'entendez rien à votre affaire ni à celle du public : car enfin *utile dulci*, c'est-à-dire, *le grand point est de plaire et d'être utile.* Or bien, que voulons-nous en France ? D'abord nous amuser, et puis nous amuser, et encore nous amuser. Un auteur ne peut donc atteindre son but, ne peut nous être bon à rien, ne peut nous être ni utile ni agréable, du moment qu'il n'a rien pour nous faire rire, du moment surtout qu'il ne rachète pas la sévé-

rité de son sujet par une légitime compen-
sation des plus fines railleries, des anecdotes
les plus bouffonnes et les plus malignes, des
sarcasmes du meilleur goût, et des quolibets
les plus dignes d'occuper l'attention éclairée
du public. — Holà! ho ! doucement, ami
censeur , je n'ai oublié aucune de ces grandes vérités-là ; je n'ai pas oublié que c'est en
France une vieille habitude que de s'égayer
toujours et sur toutes les matières; je n'ai
pas oublié enfin que jusqu'ici, et de toute
éternité, les français ont *chanté, ri* et *payé* de
la meilleure façon du monde. Mais, ne vous
en déplaise, je crois apercevoir depuis quelque temps dans le caractère de nos conci-
toyens les symptômes nouveaux d'une ma-
turité singulière : j'en suis frappé , surtout
depuis que le mot de liberté s'est mis à signifier quelque chose à nos oreilles, et qu'on
est convenu de nous demander notre bourse
avant de la dépenser. Il me semble que, dès
ce moment-là, nous sommes devenus, en général, plus vigilans et plus attentifs sur nos

intérêts ; chose, du reste, qui n'est pas du tout surprenante ; car, pour prendre soin de ses intérêts, la première condition, à mon avis, c'est d'en avoir.

Il est donc résulté de là tout naturellement que, sans chanter moins juste, et sans rire de plus mauvaise grâce, nous savons déjà rire et chanter un peu moins et plus à propos ; enfin, nous avons senti qu'une distraction pourrait bien nous coûter cher, et nous aimons mieux désormais que nos parties de plaisirs et nos occupations sérieuses se succèdent, sans se mêler et sans se nuire. C'était le bon parti, convenez-en ; convenez que rire et compter ne s'accommodent guères ensemble.

Voilà comme j'ai vu la chose.

Voici maintenant ce que j'en infère pour ma gouverne, comme écrivain dévoué à la liberté publique et au service de tous les intérêts vraiment nationaux.

De tout le personnel politique je fais deux parts bien distinctes : d'un côté, je mets les libéraux, et de l'autre, tout ce qui n'est pas eux. Là, je vois la masse entière d'un grand peuple qui est libre ou qui veut l'être; ici, quelques poignées de factieux qui voudraient régner, et qui frémissent de rage, parce qu'ils sentent leur faiblesse, ou plutôt parce qu'ils ont trop tard reconnu leur sottise, de s'être enfournés si gauchement dans une cause perdue, et qu'ils n'ont plus le courage d'abandonner : condamnés qu'ils sont, par leur propre folie, à rester fous et ridicules jusqu'au bout; condamnés enfin à lutter sans relâche, et toujours sans espoir, contre la conscience publique, et par-dessus contre la leur; ce qui fait tout à la fois et leur crime et leur supplice.

Ces deux points de vue, où je puis tour à tour établir mon observatoire, devront sans doute m'inspirer diversement.

Quand il s'agira de régler nos affaires, de supputer les intérêts de nos libertés et de nos fortunes, de surveiller enfin les commis du trône, ou de revoir leurs livres, ce n'est pas à la légère que j'oserai jamais entreprendre un examen si sérieux, si important, si délicat.

, Ce n'est pas non plus à la légère, qu'interrogeant la nature des choses et la conscience des hommes, je m'efforcerai de conserver ou de rétablir l'accord le plus parfait entre les principes du libéralisme et les vœux des esprits libéraux.

Au point où nous en sommes, nous n'avons plus à redouter que nos propres erreurs; notre unique affaire est de ne point commettre de fautes. Le moins donc que nous nous devions à nous-mêmes et à la dignité de notre cause, c'est d'observer tous nos mouvemens et toutes nos démarches dans le recueillement le plus profond, le plus calme, le plus religieux; et ce serait aussi par trop de gaîté et d'inconséquence, que de rire et de faire joyeux visage, en voyant la flamme allumée par nos mains distraites, et qui menacerait de nous dévorer nous-mêmes.

Mais lorsque nos esprits, fatigués de ces grands objets, auront besoin de se détendre,

et de passer du travail au loisir, c'est alors
que, transportés dans les basses régions de
la politique, il nous sera permis de jeter les
yeux sur ces pygmées, autrefois géans, qui
murmurent encore, aux pieds de la civilisation triomphante, je ne sais quels regrets de
leur grandeur passée.

Quel spectacle plus divertissant! quelles
prétentions plus comiques! quelles passions
plus ridicules! quels efforts plus risibles!
quelles intrigues, enfin, plus misérablement
audacieuses!

Leurs sublimes rêveries, leurs menaces
prophétiques, leur hypocrisie maladroite,
le petit trépignement de leur colère, le
grincement de leur désespoir, et jusqu'à leurs
doctrines si majestueusement ténébreuses,
rien ne nous manquera pour nos menus-
plaisirs. Oui, c'est alors que nous pourrons
nous permettre de rire, et que nous rirons
sans contrainte, parce que nous serons sûrs
de rire sans danger.

Notre joie néanmoins ne sera pas inhumaine; et tandis que leur intolérance vomira contre nous ses imprécations solennelles , nous invoquerons pour eux la liberté qu'ils blasphêment ; nous ferons des vœux sincè-res pour qu'abjurant enfin leur absurdité féodale , et renonçant à l'impossible, ils rentrent avec nous dans le sein de la raison qui les attend, dans le sein du libéralisme qui les invite, tout en se riant de leurs vaines cla-meurs et de leurs mutineries impuissantes.

Mais pour désirer leur conversion, nous sommes loin encore de l'espérer. Leur entê-tement est celui d'un vieillard dans l'enfance; et, comme personne ne l'ignore, rien n'est plus intraitable , rien n'est plus indocile qu'une enfance octogénaire.

EXAMEN

DU

LIBÉRALISME.

INTRODUCTION.

C'est de nos besoins, sans doute, que naissent primitivement nos désirs, nos goûts, nos passions; mais ces désirs, ces goûts, ces passions, fortifiés par l'habitude des jouissances qu'ils nous procurent, se continuent trop souvent au-delà des besoins qui les ont produits, et ne sont plus dès lors que des principes de malheur et de ruine.

Qu'on prenne la peine d'y réfléchir, et l'on verra que de tous temps et en toutes circonstances, les calamités publiques et les révolutions sanglantes ont eu pour cause principale ce manque d'hygiène politique, cet oubli de la convenance et de l'accord parfait qui devrait régner entre les besoins d'un peuple et ses désirs.

On perd de vue que la succession des temps, la vicissitude des situations, et surtout les progrès continuels de la civilisation et des lumières, changent peu à peu les rapports sociaux, soit des citoyens, soit des peuples entr'eux : ce sont d'autres personnages, c'est une autre scène ; comment se fait-il que les rôles ne soient pas différens ?

Il ne faut pas croire cependant que cette contradiction même et cette espèce de folie qui président si souvent à la destinée des nations, n'aient pas leur raison et leur calcul. Les passions d'un peuple ne commencent pas par être des passions ; elles cesseraient même d'exister, si le motif qui les a fait naître ne subsistait encore dans l'erreur des esprits, dans une opinion fausse, dans un préjugé quelconque.

Les passions et les goûts ne s'expliquent point, dit-on ; ils naissent d'un caprice ; un caprice les détruit, et la raison n'y peut rien faire.

Je ne suis pas de cet avis : les goûts sup-

posent des jugemens et des opinions; réfor-
mez les opinions, les goûts se changeront
ensuite comme d'eux-mêmes. *Tout vice est
issu d'ânerie*, a dit Montaigne, et il avait raison.

Tout le mal vient de ce que certaines idées,
d'abord raisonnables, mais qui ont changé
de nature par le changement des rapports,
conservent néanmoins encore leur crédit,
et, pour ainsi dire, l'autorité de la chose
jugée.

On s'avise difficilement de revenir sur les
décisions du sens commun et de l'évidence
reconnue, sans s'apercevoir que le sens commun ne porterait pas à présent des mêmes
choses le même jugement qu'il en a porté
autrefois; sans songer que tout est relatif, et
que l'évidence d'hier est peut-être absurdité
aujourd'hui; en un mot, qu'en fait de politique, il n'y a point de vérités éternelles,
point de principes invariables, point de direction bonne absolument, et qui ne doive
quelque jour fléchir ou s'arrêter.

En effet, le seul principe politique dont
la durée puisse paraître au moins indéfinie,
c'est l'inconstance même, et l'inconstance nécessaire de tous les principes. Chaque jour

amène ou peut amener ses faits, d'où chaque jour doit partir la science pour dicter
ses lois, en attendant que des faits nouveaux
viennent démentir ceux-là, imposer silence
aux principes qui en sont nés, et enfanter
une doctrine nouvelle.

J'entends déjà certains esprits absolus et
exagérés crier au blasphême, à l'esprit de
désordre et de révolution.

L'ordre est dans la vérité ; les révolutions
naissent de l'ignorance, du mensonge et de
l'hypocrisie : qu'ils cessent leurs clameurs,
qu'ils discutent froidement, s'ils en ont
la force, alors on pourra leur répondre.

Au reste, quand je dis que la science politique n'a point de prescription qui autorise
ses principes, que jamais ses décisions ne
doivent dater d'hier, qu'elle n'a le droit, ni
de juger aujourd'hui pour l'avenir , ni de
conclure du passé au présent, je ne prétends
pas que tous les jours toute la science soit
à refaire ; que chaque matin la pratique
doive venir consulter la théorie, et recevoir
d'elle sa direction journalière. Nous le savons trop bien, ce n'est pas d'un jour à l'autre qu'il est possible d'améliorer l'ensemble

d'un système, et puisqu'on a besoin de principes, qu'il faut bien s'en tenir à ceux qui se
trouvent là, tant que d'autres meilleurs ne
se produisent pas, ou n'ont pas encore cette
autorité et cette force que peut seule donner
l'opinion publique ; l'opinion publique
toute puissante quand elle est éclairée, mais
lente trop souvent à recevoir la lumière, et
comme rétive à la conviction.

Ne confondons point la science politique
et l'art de gouverner ; tous deux sont dis-
tincts ; tous deux ont à part leur manière de
procéder, quoique tous deux n'aient qu'un
but commun.

Que l'action politique se développe avec
toute la lenteur que la prudence conseille,
à la bonne heure ; qu'elle se méfie de l'innovation, qu'elle attende même, pour se réfor-
mer, qu'une sorte de violence lui soit faite
par le vœu national clairement et hautement
manifesté : car, il est vrai de le dire, rien n'est
plus fatigant, rien n'éloigne plus la confiance
et la bonne volonté des peuples, qu'une
allure toujours incertaine, toujours chan-
geante, où il semble qu'on doive marcher
éternellement, sans arriver jamais nulle
part.

2

C'est aux gouvernemens de savoir appré-
cier le juste milieu entre la précipitation qui
accorde trop vîte, et l'obstination qui refuse
trop long-temps.

Telle est, il faut le reconnaître, la condition obligée des administrateurs, des prati-
ciens, des casuistes politiques ; mais celle de
la science est bien différente. Ce n'est pas pour
elle qu'il existe des entraves : son regard,
élevé au-dessus de tous les petits intérêts par-
tiels, ne s'adresse qu'aux faits généraux ; elle
en fait sortir des conséquences forcées, qui
deviennent les principes de sa doctrine, doctrine pure, abstraite, mathématique.

Vous dites que les gouvernemens s'inquiè-
tent peu des abstractions de la science, de
ses observations, de ses faits et de ses principes. Tant pis pour le bonheur des hommes,
et pour les gouvernemens eux-mêmes : ce
n'est plus l'affaire de la philosophie ; *ce qui
est est, a = a* : la science n'en dit pas davantage ; et en profite qui voudra.

Enfin, quelque mouvant que soit, à mon
avis, le terrain de la politique, quelque révolutionnaire que soit cette science, dont
le problême fondamental ne saurait, par la
nature même des choses, se reposer jamais

sur une solution définitive et sans appel, ce
n'est pas à dire pour cela qu'elle ne puisse
admettre provisoirement, et qu'en effet elle
n'admette comme incontestable un certain
ordre de vérités et de principes non contes-
tés, dont elle poursuit chaque jour les conséquences, dont chaque jour elle étend et
multiplie les heureuses applications.

Eh ! où en serions-nous, sur quoi s'ap-
puierait la société, si rien n'était convenu, et,
en quelque sorte, déclaré vrai par l'organe
puissant des lois ? Car tel est leur rôle : les
lois, aux yeux de la science politique, ne
sont pas autre chose qu'une déclaration solennelle, qui établit l'autorité pratique de
certaines idées et de certains principes ad-
mis généralement, auxquels on convient
de donner, jusqu'à nouvel ordre, *force de
vérité*. Où, dis-je, en serions-nous, si le présent nous trompait toujours, si la veille ne
pouvait jamais compter sur le lendemain,
et qu'il n'existât aucune alliance du passé
avec l'avenir ? La perfectibilité de l'homme
ne serait pour lui qu'un fléau, qu'un instrument d'inquiétude, qu'un principe de méfiance contre lui-même, qu'un désespoir
continuel de cette perfection où il tend sans

cesse malgré lui. A force de reconnaître ses erreurs et ses fautes, il finirait par se croire incapable de la vérité et du bonheur.

Mais que nous sommes loin, hélas! d'avoir à nous plaindre que nos illusions durent trop peu! et combien de choses, depuis long-temps, luttent contre la raison, et fatiguent le sens commun, qui demeurent cependant pour consenties et pour vraies par le contrat suranné des lois! Eh bien! sachons subir la nécessité des choses; que la loi donc soit une capitulation sacrée, mais une capitulation toujours provisoire entre la science présente et la science à venir; qu'elle se montre, tant qu'elle voudra, avec la confiance de la vérité absolue, mais au moins qu'elle s'abstienne d'étouffer l'amour du mieux, de lier l'esprit de découverte, et de vouloir jamais fermer la discussion : elle n'en a pas le droit; elle n'en aurait pas le pouvoir.

Espérons toutefois que l'expérience con-firmera les heureux essais de nos constitu-tions nouvelles; espérons qu'au point où de si longs travaux nous ont enfin conduits, nous aurons trouvé quelque fondement durable; et s'il est vrai qu'au moins nous ayons gagné au changement, rendons-en grâces à la science révolutionnaire, quelque sot abus que les ignorans fassent de ce mot : et loin de la décourager, excitons ses généreux travaux : ils nous ont donné beaucoup ; ils nous réservent davantage.

Mais ce n'est pas tout que d'avoir aujourd'hui des institutions plus sages que toutes celles qui les ont précédées ; ce n'est pas tout que de professer un grand amour pour elles, que de se tenir en garde contre les ennemis de cette innovation sacrée, et de réclamer courageusement l'exécution franche et entière du nouveau contrat. La lettre n'est rien sans l'esprit ; et la politique n'a fait que la moitié de sa tâche, tant qu'elle n'a pas mis d'accord les institutions et les mœurs.

En vain auriez-vous toutes les garanties du bonheur et de la liberté, si, au-dedans de vous-même, s'entretiennent, à votre insu, les ennemis les plus redoutables de ce bonheur, de cette liberté si chère ; si, tandis que vos lois vous font libres, vos préjugés vous rendent indignes de vos lois, et vous repoussent vers la servitude ; si, en un mot, vous conservez, sous une Charte déjà plus libérale, les habitudes de la féodalité ; les passions et les goûts enfantés par le despotisme, et qui doivent le reproduire.

Vous voulez être libres, sachez donc vouloir tout ce que la liberté suppose, et fuyez tout ce qui est incompatible avec elle. En êtes-vous là? Soyez sincères devant vous-mêmes. La liberté, ce nom si saint et si souvent profané, l'avez-vous seulement bien compris? Avez-vous bien vu inscrits, à côté des droits qu'elle donne, les devoirs qu'elle impose? Avez-vous pris tous les senti-mens de votre condition nouvelle et dépouillé tout le vieil homme? Etes-vous bien sûrs enfin de ne ressembler sous aucun rapport à ce peuple des vieux livres, qu'on nous repré-sente au milieu des travaux mêmes de la délivrance, regrettant à haute voix le pain honteux de l'esclavage? N'ayez-vous plus un désir, un goût, une passion qui démente cet amour si enthousiaste pour la liberté? Je ne le crois pas.

CHAPITRE Ier.

Coup-d'œil général sur l'état des choses et sur la disposition des esprits.

IL y a eu France deux partis principaux, c'est-à-dire, deux grands ordres d'intérêts qui se combattent : ce sont, d'un côté, les partisans du régime nouveau ; de l'autre, les partisans de ce qu'on appelait, il y a vingt ans, l'ancien régime.

Car je ne parle pas de cette autre classe d'hommes qui, incapables d'aucun sacrifice pour la patrie, conservent, dit-on, et entretiennent dans leurs cœurs un regret depuis long-temps sacrilége. Heureusement de tels hommes sont devenus trop rares et trop peu considérables, pour mériter le nom de parti, et causer désormais de sérieuses inquiétudes.

Je ne parle pas non plus de ceux qu'un abus de mots fait appeler révolutionnaires, gens qu'on suppose toujours prêts à fomenter le désordre et à en profiter ; avides de pillage et de sang, n'attendant qu'un jour

favorable pour renverser le trône, incen-
dier l'empire, et dresser des tables de pros-
cription. Ce parti là, qui n'existe, à mon avis,
que dans quelques imaginations trop échauf-
fées par la peur, ne serait, après tout,
qu'une ligue de perturbateurs et de brigands,
ennemis communs de tous les partis, et que
proscrivent les lois de tous les régimes.

Les *ci-devant*, comme on les a long-temps
appelés, pour faire entendre que déjà leur
règne n'était plus; les ci-devant, dis-je, et les
révolutionnaires, c'est-à-dire, les hommes
dont la révolution a brisé les chaînes; tous
ceux qui ont favorisé l'etablissement des principes et des droits aujourd'hui consacrés,
promis ou supposés par la Charte; tous
ceux qui ont depuis embrassé franchement
ces principes, et accepté les droits qui en
dérivent : tels sont les élémens généraux de
l'opinion publique.

Mon dessein n'est pas d'entrer ici dans le
détail des prétentions diverses que poursui-
vent les deux partis; elles sont d'ailleurs
connues de chacun, et doublement jugées
par la sentence irrévocable des lois constitutionnelles, et par celle, plus irrévocable
encore de la civilisation et des lumières du

siècle. Je veux seulement reconnaître leur existence, et marquer les traits principaux de leur caractère, afin d'attribuer légitimement à l'un ou à l'autre ce qui lui appartient dans les opinions variées dont se compose l'esprit public.

Il est vrai que le parti des anciens, retenu en bride par la Charte, et se trouvant par elle dépouillé de toute force morale, n'ose plus s'avouer lui-même, et qu'il renie sa propre existence; il est vrai que, dépourvus de cette force-là, ils sont bien décidément condamnés à perdre toutes les autres, ou plutôt que d'avance ils les avaient déjà perdues nécessairement; il est vrai, enfin que ce parti, depuis le commencement de la lutte, n'a cessé de décliner, et de tomber, par de continuelles et nombreuses désertions, dans un épuisement extrême : de telle sorte qu'à peine aujourd'hui s'abstiendrait - on de rire, si l'on comparait un peu attentivement le bruit qu'ils font, avec le nombre et l'importance de leurs hommes.

Mais il ont été grands, et n'étant plus rien par le fait, ils s'efforcent de revivre, et d'être encore quelque chose par les souvenirs. Ce sont eux qui remplissent l'histoire;

ils profitent de cet avantage; et leurs noms,
que nous n'avons pas vus, ont encore la
magie de paraître imposans à côté des pro-
diges dont nous avons tous été les témoins,
et presque tous les acteurs; tant le passé
grandit à mesure qu'il s'éloigne!

Ce n'est pas tout : dans leur besoin de sup-
pléer à la force par l'activité et par l'intri-
gue, on les voit, s'agitant de toutes manières,
empruntant toutes les formes et tous les lan-
gages, s'efforcer de séduire et d'entraîner
à eux ce que la réforme peut avoir encore
de partisans mal éclairés. Religion, morale,
intérêt même, et amour de la liberté, ils
parviennent à mettre tout en jeu, pour sur-
prendre çà et là quelques indifférens, ou
quelques esprits assez peu attentifs pour
ne pas reconnaître l'aristocratie féodale der-
rière leurs déclamations astucieuses, pour
ne pas voir en eux des tyrans hypocrites,
déchus de leur pouvoir, et impatiens de le
ressaisir.

Il n'est guères de choses si hideuses, qu'elles
ne se puissent encore offrir sous un jour
moins défavorable; il n'est guères de chose si
mauvaise dont parfois il ne sorte quelques
petits avantages. N'avons-nous pas entendu

préconiser le pouvoir absolu? N'a-t-il pas
de touttemps existé un art de vanter les
vertus des plus abominables despotes? Et en
effet, ce serait une absurdité de croire
qu'un état de choses quelconque puisse du-
rer long-temps s'il n'a rien de bon? Pourquoi
donc le patronage superbe de nos anciens
seigneurs n'aurait-il pas son côté brillant,
son côté poétique? Aussi ne manquent-ils
pas de le faire valoir et de le montrer avec
complaisance. Mais ils ont beau faire, ils ont
beau rajeunir et rappeler sans cesse les idées
si riantes de leur protection et de leur pater-
nité, ils font peu de prosélytes, car où trou-
veraient-ils des dupes? Et qui de nous peut
avoir oublié ou n'avoir pas appris ce que
valait aux pauvres vilains l'honneur d'avoir
ces messieurs pour pères?

.... Tant c'est chère denrée
    Qu'un protecteur!................

disait le *bonhomme*, avec autant de naïveté
que de sagesse.

Mais s'ils ne parviennent pas à faire re-
gretter leur joug, à accréditer leur doctrine,
à fortifier en nombre les partisans de leur

système, ils ne réussissent que trop à affaiblir le parti de la liberté. S'ils n'ont pas l'art
de faire des amis au ci - devant régime, ils
ont du moins celui de faire des ennemis à la
révolution. Ils nous font du mal sans se faire
aucun bien, et c'est toujours quelque bien
pour eux. Tous les crimes et tous les malheurs auxquels la liberté a pu servir de prétexte, tous ceux dont eux-mêmes furent la
cause, par leur entêtement à vouloir nous
protéger malgré nous ; tous ceux enfin dont
la guerre civile, et l'ambitieuse trahison de
quelques faux français ont souillé les diverses époques de la révolution, c'est à la révolution qu'ils les attribuent. Leur adresse per-
fide à la calomnier assidument, et à lui re-
procher comme des crimes toutes les plaies
dont elle-même fut couverte par ses ennemis ; tout le sang qu'on a tiré de ses veines;
leur constance enfin à soulever contr'elle
l'horreur dont elle seule aurait encore le
droit d'être saisie : voilà le fond de leur tac-
tique.

C'est par-là qu'ils avaient enfin, aux yeux
de plusieurs, rendu odieux le nom de la
révolution, et presque flétri celui même
de la liberté; c'est par-là qu'ils ont ouvert

la porte à la tyrannie militaire, et qu'ils voudraient aujourd'hui nous préparer à subir la leur; détachant chaque jour du parti libéral quelques hommes trop faciles à effrayer, et dont l'esprit, déconcerté par leurs mensonges, ne sait plus admettre l'idée du mieux sans l'idée du pire, la possibilité d'une grande amélioration politique sans la nécessité d'un bouleversement général.

On a vu des doctrines nouvelles s'établir à la place des anciennes doctrines; on a vu de plus grandes douleurs succéder à un malaise que ces doctrines promettaient de guérir; et bientôt les entrepreneurs de la liberté sont accusés d'avoir produit le despotisme de la licence : ils n'ont pu l'empêcher, donc ils en furent les auteurs. Et de là cette méfiance excessive, cette prudence léthargique que le malheur conseille à la timidité, et qu'entretient le mensonge de l'expérience, ou plutôt la calomnie féodale parvenue pour un temps à corrompre l'expérience même, et à la dénaturer jusqu'à ce point.

Comme si la théorie devait répondre des erreurs de la pratique, et qu'il fallût renoncer à l'usage de ses pieds, parce qu'on voit des gens se blesser ou même périr en faisant un faux pas. Non : ce qui est démontré, ce qui est vrai, reste vrai et démontré, en dépit des applications vicieuses et des violences que peuvent faire subir quelquefois aux principes les perfidies de l'égoïsme et l'hypocrisie de l'ambition.

Que les hommes se soient, pendant plusieurs siècles, entr'égorgés pour la gloire de Dieu et au nom de la charité chrétienne, il n'en demeure pas moins constant que le principe de l'amour du prochain est, de tous, le plus moral et le plus utile au bonheur des hommes. Mais il fallait le bien comprendre, il fallait n'en pas abuser, n'en pas faire le déguisement des plus viles passions.

Qu'on ait vu la nation française, par l'impétuosité même de ses élans, par l'ardeur irréfléchie de ses emportemens vers la liberté, se précipiter en quelque sorte dans la servitude, s'ensuit-il que l'indépendance ne soit pas un besoin pour l'homme, et que le nom de liberté ne doive être à jamais qu'une menace d'esclavage? Non, le principe du mal n'était pas dans la liberté, il était hors d'elle.

On vous dit : aimez vos frères, et les

bûchers de l'inquisition s'allument; on vous dit : soyez libres, et je vois se dresser des guillotines. Est-ce la charité qui inventait la torture ? Est-ce la liberté qui nous faisait monter au supplice, et qui armait nos bourreaux ?

Ils ont beau crier contre les théories et contre les systèmes, ce n'est que par les théories que le monde s'éclaire ; ce n'est que par les systèmes que les vérités s'agrandissent et se constituent. Le danger, s'il y en a, vient toujours, non de ce qui s'y trouve établi, mais de ce qui n'y est pas et qu'on y suppose. Si nous avions une théorie complète du bien-être social, le bonheur et la liberté du monde seraient assurés pour jamais, et sans contradiction.

Cette disposition funeste, qui fait du citoyen comme une matière inerte, prête à subir toutes les formes que voudrait lui donner le caprice d'un maître, s'est de beaucoup restreinte et affaiblie, depuis qu'une autre révolution, plus heureuse que la première, s'est opérée avec tant de calme, au regret de nos ci-devants. Elle s'affaiblira encore plus de jour en jour, démentie et réfutée par le spectacle journalier des opérations constitutionnelles ; opérations pacifiques tout à la fois, et pourtant révolutionnaires.

Car, après tout, qu'est-ce qu'une révolution, si ce n'est le travail d'un renouvellement, d'une régénération qui s'opère dans les institutions des peuples ? Et que font nos Chambres législatives, que de provoquer, que d'opérer peu à peu ces changemens et ces améliorations régénératrices ?

En attendant, cette maladie de l'opinion a eu son influence qui, peut-être, se doit continuer long-temps encore, et nous aurons lieu d'en reconnaître, d'en combattre plus d'une fois, sans doute, les symptômes et la malignité.

Les *révolutionnaires* (rendons une bonne fois ce mot à son idée légitime qui en réclame le service) ; les révolutionnaires, déjà forts au commencement par la nature même de leurs intérêts et de leurs vœux, devenus plus forts par le succès rapide et forcé de leurs continuelles entreprises, sont aujourd'hui complétement vainqueurs, et maîtres du champ de bataille. Leur victoire est reconnue et proclamée par la Charte ; elle est assurée et affermie sur une base inébranlable, par la popularisation, sans cesse plus étendue, des principes et des idées salutaires qui l'ont acquise ; et enfin par la conviction profonde et universelle , qu'une nation grande et éclairée,comme la nation française,ne saurait avoir une volonté fortement prononcée, qui ne soit le résultat d'un besoin réel et bien senti,qui ne soit, par conséquent, approuvée par la raison et par la morale, soutenue par le courage, et tôt ou tard victorieuse par la constance.

Mais , ne nous lassons pas de le redire, ce n'est point assez d'avoir conquis le champ de la liberté, et de s'y établir; il faut savoir tirer parti de cette terre féconde et généreuse: or , ce n'est pas une petite science que celle-là.

On voit bien des gens se donner beaucoup de peine et de travail pour obtenir certains avantages , dont ensuite la possession leur est moins utile qu'embarrassante, faute d'en bien connaître la nature , et de savoir l'art d'en faire usage.

Ne commettons point cette maladresse; étudions chaque jour notre position, et sachons mettre à profit, pour la conserver ou l'améliorer encore , tout ce qu'elle nous présente de favorable. Faisons une garde vigilante et assidue, attentifs et en défiance contre tout ce qui nous entoure , mais attentifs surtout contre nous-mêmes et contre les habitudes du passé. N'oublions point que pendant plusieurs années l'atmosphère de la liberté a été corrompue; que l'ambition et le despotisme en ont fait long-temps comme un air malsain ; que l'arbitraire tout-puissant y a porté ses ravages : l'arbitraire , funeste par ses violences, plus funeste par ses faveurs et par la séduction de ses caresses. De là ; combien de maux, dont la contagion n'a que trop atteint le libéralisme lui-même! Et si nous voulons y regarder franchement et de près, de quel triste alliage encore ne trouverons-nous point mêlé en nous le pur et saint amour de la liberté !

Je n'entreprendrai pas de dresser ici l'inventaire exact de toutes les erreurs et de toutes les habitudes dont l'existence me paraît un obstacle à l'établissement d'une liberté plus complète, un obstacle même au maintien de la liberté, telle qu'aujourd'hui nous la possédons, et que la Charte nous l'a faite. Un pareil tableau serait moins utile qu'at-

tristant, et cette manière appartient à la sa-
tire.

C'est le libéralisme qu'il s'agit d'avertir
des contradictions qui se trouvent en lui, et
qu'il n'y voit pas; c'est notre parti, c'est
nous-mêmes que nous voulons combattre; et
il nous convient de sonder, pour ainsi dire,
notre propre conscience, avec une franchise
courageuse, mais tranquille.

Sans donc nous effrayer dès l'abord par
le spectacle de toutes nos misères, qu'il nous
suffise de chercher ingenument à les reconnaître tour à tour, et à les guérir, s'il se peut,
aujourd'hui l'une et demain l'autre. Portons
successivement nos regards sur les divers intérêts qui résultent de notre situation, et
voyons, par un retour sur nous-mêmes, s'il
n'y a pas quelquefois en nous deux inclina-
tions ennemies, et comme deux esprits qui
se font la guerre : l'un qui veut avec nous ce
qu'il nous importe de vouloir, et qui nous
excite à marcher constamment au but; l'autre qui nous en détourne par des conseils
d'erreur, ou qui nous retient en arrière,
tantôt effrayés par les cris sinistres et me-
naçans de la féodalité aux abois, tantôt amu-

sés par les hochets brillans que les gens de
la servitude nous jettent au passage.

CHAPITRE II.

De la Gloire et de la Liberté : habitude na-
tionale ennemie de l'une et de l'autre.

L'AMOUR et le besoin de la liberté supposent
nécessairement d'autres affections aussi vives
et aussi impérieuses que celle-là. Vouloir
être libre, c'est vouloir n'être pas gêné dans
ses jouissances, dans l'exercice de ses facul-
tés naturelles ou acquises ; enfin, dans la
poursuite du bien-être, tel qu'on l'imagine,
chacun pour soi.

Cette idée de la liberté convient également
et au citoyen, dans ses rapports avec les autres citoyens , et à l'état, dans ses rapports
avec les autres états.

Parmi les affections sociales, dont les intérêts se trouvent liés nécessairement avec
ceux de la liberté, les premières, ou plu-

tôt celles dont le nom signifie à la fois toutes les autres, ce sont la richesse et la gloire.

Il y a une richesse privée et une richesse publique, une considération personnelle et une gloire nationale.

Le bonheur parfait d'un citoyen ou d'un état serait dans la satisfaction pleine et continue de ces trois besoins, de ces trois affections principales : la liberté, la gloire et la richesse.

Occupons-nous d'abord de la gloire, dans ses rapports avec la liberté.

Il faudrait bien mal connaître la nation française, pour ne pas inscrire la gloire au nombre de ses premiers besoins; et à Dieu ne plaise que nous tentions jamais d'affaiblir en elle cette passion généreuse, et de briser dans ses mains cet instrument de tous les grands succès, de toutes les grandes vertus! Aimons, aimons la gloire; puisque la nature en a mis la soif dans nos ames; mais que ce ne soit pas en étourdis et en enfans; que ce soit en hommes faits, et comme il convient à la nation la plus éclairée de l'univers.

Que si notre bien-être et notre liberté ont besoin de gloire pour être de quelque prix à nos yeux; songeons que la gloire aussi, sans le bien-être, n'a rien que de vide et de mensonger ; songeons qu'elle n'habite jamais là où la liberté ne serait pas avec elle. Ces trois jouissances sont nécessaires l'une à l'autre, comme parties intégrantes et constitutives du bonheur.

Prenons donc garde, en servant l'intérêt de l'une, de perdre de vue ou de compromettre l'intérêt des deux autres. Faisons-nous une gloire qui ne soit point un piége pour notre bonheur et pour notre liberté, ou plutôt cherchons notre gloire par ce bonheur et par cette liberté même; cherchons-la dans les arts, qui ont besoin de la liberté, et qui, à leur tour, la soutiennent, l'embellissent et la rendent plus chère. Oui, c'est là seulement qu'il nous la faut chercher, car, pour nous français, elle n'est plus que là.

Qu'ai - je dit! et me dissimulant à moi-même de trop funestes égaremens, vais-je supposer que la gloire ait pu jamais, que jamais elle puisse, pour aucun peuple, se trouver ailleurs que dans une heureuse émulation à prendre le pas sur son siècle, et à montrer dans sa constitution toujours plus sage et plus libre, dans sa condition toujours plus heureuse, les progrès réels de la civilisation le plus avancée ?

Et qu'est-ce en effet que la gloire ? C'est à vous que je le demande, braves et intrépides guerriers qui l'avez poursuivie plus de vingt ans, au péril de vos jours, et, le dirai-je, au péril même de votre chère patrie ! Ah ! sans doute vous pensiez la servir, sans doute elle vous tient compte de votre dévouement : l'erreur de vos courages, elle la partageait avec vous, et vous en êtes victimes avec elle.

Eh bien! répondez : quand vous alliez soumettre au loin les peuples et les rois, quand vous reculiez nos frontières par-delà les limites du monde habitable, que prétendait votre ardeur belliqueuse ? car vous n'êtes point des tigres, vous n'êtes point des sauvages; le sang vous fait horreur. Si vos victoires, si vos triomphes n'avaient dû, à votre jugement, produire que le malheur des vaincus, et vous rougir du sang des hommes, vous renieriez vos triomphes, vous ne voudriez plus de vos victoires. Puis donc que ces triomphes vous sont toujours chers, puisque ces victoires font encore aujourd'hui l'orgueil et la consolation de vos malheurs, parlez, dites quel honneur si grand, quelle gloire, à votre compte, en devait rejaillir sur vous?

Je vous entends, le but de vos efforts, l'objet de votre ambition constante, c'était d'élever la France au-dessus de tous les empires, et vous-mêmes, par-là, de devenir aux yeux de l'Europe les premiers citoyens du premier peuple du monde.

Et quel plus sûr moyen, en effet, de créer sa propre gloire, que d'agrandir la gloire de sa patrie! Aussi la vôtre est-elle assurée, et à l'abri de toute accusation, tant que le patriotisme, du moins, n'aura pas été vaincu par la philantropie. Instrumens fidèles et dévoués d'une ambition que vous deviez croire celle de la France, vous avez fait tout votre devoir. C'est la France qui a mal connu le sien; c'est à elle, non à vous, qu'appartient tout entier le reproche des maux que vous lui avez faits, et que l'Europe a soufferts; c'est elle qui s'est trompée dans ses vœux, et qui s'est mal servi de votre amour; c'est elle enfin, et elle seule, qui a manqué son but, qui a manqué sa gloire, parce qu'elle l'a cherché dans des travaux d'où elle ne pouvait l'obtenir; parce qu'elle

n'a pas senti, ou qu'elle a senti faible-
ment et trop tard que le siècle de la raison
et de la liberté n'était pas celui de la violence
et de la conquête.

Ainsi, nos armées sont irréprochables; elles
sont glorifiées, au jugement même de la philosophie la plus sévère. Si elles n'avaient point
fait ce qu'elles ont fait, elles n'auraient point
été des armées. Qui ne sait que dans nos mœurs
et selon nos lois , le citoyen, en devenant
guerrier, cesse d'être citoyen, autrement
que par son obéissance et par son amour
pour la patrie; qu'il dépose sa volonté en
prenant ses armes ; qu'il ne choisit pas son
rôle; qu'il prend, sans raisonner, celui que la
patrie lui donne, et qu'il n'a pas le pouvoir
de se tromper; qu'ainsi, bien qu'il mette sa
gloire à servir la gloire nationale, la gloire
nationale peut être mal servie par les armes
et par le courage, sans que la vertu et la
gloire du guerrier en doivent paraître moins
accomplies?

Telle est notre histoire, et la position res-
pective de la France et des armées fran-
çaises.

C'est nous , nous citoyens, qui avons mé-
rité le blâme, nous qui avons manqué de sagesse , qui avons manqué d'énergie. Recon-

naissons notre faute ; reconnaissons le vice qui nous l'a fait commettre, et craignons d'être, aujourd'hui même, trop disposés à la commettre encore.

La sagesse d'un peuple consiste toujours à bien juger sa condition présente, à bien connaître ses moyens de prospérité, de bonheur et de gloire. Son énergie est dans sa constance à ne rien faire, à ne rien permettre qui ne soit commandé ou approuvé par le jugement préalable de ses intérêts bien entendus.

Or, soit maintenant que, par un souvenir, hélas ! bien facile, nous remontions à une époque de notre révolution, aussi brillante que déplorable ; soit que nous cherchions quelle est à présent même la vraie disposition de nos esprits, nous serons forcés de reconnaître, alors comme aujourd'hui, la même négligence de réflexion, le même oubli de nos besoins véritables. Des deux côtés, nous verrons les mêmes illusions gouverner toujours nos désirs, les mêmes goûts, enfin, ou préparer déjà, ou appeler de nouveau les mêmes folies et les mêmes malheurs.

N'est-il donc pas temps d'ouvrir les yeux ? N'est-il pas temps de ne plus nous consumer

en fatigues inutiles, de ne plus hasarder nos
ressources à des entreprises au moins dou-
teuses et téméraires? N'est-il pas temps enfin
d'écouter la voix de l'expérience, d'interro-
ger la civilisation, et de nous comprendre
nous-mêmes?

Plus sages et mieux inspirés qu'aujour-
d'hui, nous avions, en commençant l'œuvre
de notre affranchissement civil, abjuré l'esprit de domination au dehors; nous avions
sacrifié au besoin d'être libres la passion
d'être vainqueurs; à la gloire, sans reproche, d'une liberté paisible et bienfaisante,
la vanité ruineuse et immorale des conquêtes.

Mais, attaquée dans sa naissance, et trop
faible encore pour braver ou pour étouffer
la guerre, la liberté fut contrainte de l'appeler à son secours. Il fut nécessaire de
vaincre; il fut naturel de mêler les transports
accoutumés de la victoire aux tressaillemens
nouveaux du libéralisme. C'était l'écueil:
cette confusion de plaisirs ennemis, de joies
contradictoires, entraîna bientôt la confusion des idées et la perte du principe.

L'indépendance nationale, conquise par
les armes, fit insensiblement renaître dans

(44)

les esprits le goût de conquérir. Bref, ce fut au nom de la liberté que la France s'enhardit à l'asservissement de l'Europe ; au nom de la liberté, qu'elle se fit le tyran des nations ; au nom de la liberté, qu'elle finit bientôt par se réduire elle - même en servitude , garrottée en quelque sorte par ses propres victoires : tant il est vrai que la loi du plus fort est une loi dangereuse, même pour le plus fort !

Tant que la valeur française sut se contenir dans les bornes légitimes de la défense ; tant que nos armées, encore citoyennes, ne combattirent que pour l'existence de la nation, l'esprit guerrier fut à la fois un besoin et une vertu nationale ; d'accord avec tous les intérêts et avec tous les devoirs, la France eut en lui un principe de salut, de gloire et de liberté ; mais du moment que la guerre redevint une passion dominante et isolée ; du moment que le goût militaire ne fut plus que le goût militaire, et que nos armes, n'ayant plus rien à sauver par la victoire, voulurent continuer de vaincre, seulement pour vaincre , seulement pour humilier les puissances étrangères, ou pour les subjuguer, ce jeu barbare et insensé, en illustrant la bravoure et le talent de nos généraux, compromit à la fois tous nos intérêts, ceux de notre salut, ceux de notre liberté, ceux même de notre gloire. Et, ne l'oublions jamais, cette malheureuse distraction, trop long-temps entretenue par ses propres succès et par ses innombrables triomphes, nous a fait perdre plus de quinze ans de progrès en civilisation et en liberté. Voilà ce que j'appelle avoir manqué la gloire.

Je le répète donc, les libéraux français ont montré peu de sagesse et de prudence, lorsqu'ils se sont livrés si étourdiment au plaisir des succès militaires : ils ont par-là corrompu eux-mêmes l'esprit de la liberté, et rendu facile une corruption plus mortelle encore, celle qui nous est venue de la dévorante ambition d'un chef. Génie audacieux et adroit, il vit bien que déjà il n'avait plus qu'à vouloir, et que, secondé de reste par l'illusion même qui nous maîtrisait, il saurait tourner bientôt contre le libéralisme les forces que le libéralisme avait produites, et que le libéralisme seul avait pu produire.

Je le répète enfin, les libéraux français,

après avoir montré peu de sagesse , ont
montré peu d'énergie, puisque, voyant leur
confiance trompée, et le despotisme d'un
soldat s'élever, s'affermir sur les ruines de
leurs espérances trahies, ils ont permis, ils
ont secondé ses perfides projets ; ils ont
souffert qu'il foulât à ses pieds les droits
du citoyen au dedans, au dehors les droits
des nations.

S'il est vrai que nous l'ayons souffert, et
souffert si long-temps , confessons donc
que nous l'avons voulu, ou confessons que
nous avons manqué de courage ; de ce
courage civil, plus nouveau, il est vrai,
et moins exercé que le courage militaire,
puisqu'il ne peut guères dater, parmi nous,
que de la grande époque où la liberté prit
naissance ; mais plus souvent et plus constamment nécessaire , puisque nous n'avons
pas toujours d'ennemis, à chasser de nos
frontières, et que nous avons, que nous
aurons toujours quelques améliorations à
désirer, toujours quelques libertés à éten-
dre ou à maintenir.

Disons-le hautement, l'époque est venue
de ne plus regarder la gloire militaire que
comme un préjugé, et comme un des pré-

jugés les plus tristes et les plus honteux qui aient tyrannisé les hommes. Vantez - moi tant qu'il vous plaira vos Philippe, vos Alexandre, vos Annibal, et tous ces brigands fameux qui, depuis tant de siècles, sont en possession, pour avoir ravagé le monde, d'être loués par de plats rhéteurs, et adorés par les vils esclaves de nos héros modernes : pour moi, je ne les admire point ; ennemis de l'humanité, ils sont mes ennemis, et leur gloire m'est odieuse. Que si parfois je rencontre dans leur histoire quelque trait de clémence où l'homme reparaisse, je ne fais que les en haïr davantage ; car ils ont prouvé qu'ils connaissaient la beauté de la vertu, qu'ils connaissaient la gloire véritable, et ils ont méprisé l'une et l'autre ; méchans par choix et par étude, bons seulement par accès et comme par distraction.

Lève-toi, prince magnanime, arme toute la Grèce, mets en feu l'Europe et l'Asie ; que ton passage soit celui de la dévastation et de la mort ; n'épargne ni crimes, ni violences, ni massacres, pour attirer sur toi les regards de ton siècle et de la postérité ; et alors, il en est temps, donne-nous le touchant spectacle d'un vainqueur attendri qui relève une femme, et qui pleure sur la mort d'un ennemi. Va, tes larmes sont ridicules, et tu me fais pitié. Après tout, que peut signifier ta douleur ? Ne serait-ce pas que tu es jaloux de *Bessus* ? et regrettes-tu qu'une autre main que la tienne ait poignardé ton rival ? Console-toi, il te reste des amis; tu pourras à loisir te baigner dans leur sang, pour égayer tes débauches, et nous montrer ensuite, par tes pleurs et par ton désespoir, combien ton ame est naturellement sensible et généreuse....

Mais où me suis-je laissé entraîner malgré moi, par la haine d'une gloire criminelle et sanglante? Laissons Alexandre et tous ses pareils ; ne nous engageons pas dans un passé obscur et peut-être fabuleux; ne nous attaquons point à des siècles si éloignés de nous, qui ont si peu de ressemblance avec le nôtre, et qui, d'ailleurs, pourraient nous présenter l'excuse de ces mœurs barbares dans la marche de la civilisation même, aussi lentement que nécessairement progressive.

Soyons donc indulgens pour l'esprit militaire des anciens peuples, en accordant tout ce qu'il convient d'accorder à la nécessité

des choses, en nous souvenant de leur ignorance politique, et de ce principe anti-social,
anti-pacifique, qui ne reconnaissait que deux
classes d'hommes, le guerrier et l'esclave.

Bien plus, si, par la nature de leur constitution, la guerre était nécessaire à leur
existence, nécessaire à leur prospérité, reconnaissons que tous les intérêts s'adressant
à la valeur guerrière, la valeur guerrière
était, de nécessité, la première de toutes les
vertus, et même la plus justement célé-
brée.

Toutefois, contentons-nous de les absou-
dre, et ne nous entêtons pas éternellement
à les admirer, et à les vouloir prendre pour
nos modèles. La même raison qui les justi-
fie est celle qui nous condamne : la civilisation a continué sa marche ; les intérêts ont
changé de nature, les principes sont renou-
velés. Leur vertu était dans les forces du
bras ; la nôtre est dans celles de la raison.
Chez eux, la puissance et la richesse de la
patrie avaient besoin de la guerre ; chez nous,
la patrie ne peut devenir réellement plus
puissante et plus riche que par la paix. De
leur temps, perdre autrui, c'était se sauver ;
aujourdhui, c'est se perdre : tant il est vrai

4

que la politique elle-même n'a pu se défen-
dre de céder beaucoup à la raison humaine
devenue plus forte en devenant plus éclairée! ou plutôt tel est l'état réel des sociétés
modernes, que, pour les peuples comme
pour les hommes pris séparément, l'intérêt
de chacun est lié nécessairement avec l'intérêt de tous. De telle sorte, que non-seulement
un moyen sûr de se nuire à soi-même, c'est
de nuire à son semblable, mais, ce qui est
bien plus, que ne pas lui faire de bien, c'est
déjà se faire du mal à soi-même. Enfin, l'intérêt et la vertu se sont embrassés; l'égoïsme
et la charité ne sont plus que les noms différens d'une seule et même morale.

Celui qui ne serait pas frappé d'abord de
cette vérité, ne tardera pas à la voir se reproduire et se confirmer journellement par
des preuves matérielles, pour peu qu'il étu-
die et qu'il analyse la nature des nouvelles
relations introduites par le commerce entre
toutes les contrées de l'univers comme entre
tous les points d'un même empire.

Peut-être donnerai-je plus tard quelques
développemens à ces considérations impor-
tantes; je me borne pour le moment à les
présenter en aperçu à la méditation des esprits libéraux, comme utiles peut-être à ré-

veiller en eux les idées d'une saine politique, les idées qui ont fait leur force dans le
principe, et dont malheureusement ils res-
tent encore distraits par des souvenirs et par
des vœux qui blessent la raison, que la liberté réprouve, et qui retardent l'accomplis-
sement de nos heureuses destinées.

Car enfin, que faisons-nous de rêver toujours au passé, quand il s'agit de fonder notre avenir? La perte d'un temps précieux
n'est pas le seul mal que j'y vois; un mal
plus grand m'inquiète, et peut-être plus ir-
réparable : je crains que nos imaginations
ainsi préoccupées, ne nous fassent perdre de
vue l'utilité des circonstances, et que, pleins
d'un enthousiasme trompeur, nous n'allions
laisser échapper l'occasion la plus heureuse
qui pût naître de nos malheurs : celle de
donner enfin à la liberté sa véritable et
unique garantie, un régime d'équité et de
paix.

Ce que nous avions promis à l'Europe au
commencement de la révolution, ce que
nous nous étions promis à nous-mêmes, ce
que nous n'avons su tenir ni à l'Europe ni
à nous, pour l'exécuter aujourd'hui, nous
n'avons, en quelque sorte, qu'à y consentir;

presque tout se trouve fait d'avance et sans nous. Par le malheur des temps, l'état militaire de la France, autrefois si alarmant, n'a plus rien qui puisse porter ombrage aux puissances qui nous entourent, rien qui puisse intimider parmi nous le courage du libéralisme. C'est le moment de porter un coup décisif à toutes les tyrannies à venir, et de leur ôter pour jamais tout prétexte, tout moyen d'attenter aux libertés du citoyen et à l'indépendance de la nation. Et pour cela, je le répète, nous n'avons qu'à sanctionner ce qu'ont fait les circonstances : les armes du despotisme se sont brisées comme d'elles-mêmes ; ayons seulement la prudence de ne pas lui en forger de nouvelles.

Mais il faut d'abord que nous sachions faire à nos propres intérêts, aux intérêts de la patrie, le sacrifice de nos ressentimens; il faut que nous sachions renoncer à une gloire que doit désormais dédaigner notre ambition, et que d'ailleurs nous avons épuisée. Ne nous faisons pas si peu d'honneur à nous-mêmes, que de nous croire incapables de supériorité autrement que par la violence des armes : déposons-les, et avec elles l'idée fausse et petite de la grandeur militaire; gardons toujours, à la bonne heure, gardons le rang qui nous convient en Europe; soyons les premiers, mais par des moyens plus dignes de nous.

Encore un coup, l'occasion est favorable; le moment est venu de nous ouvrir une nouvelle carrière de prospérité et de gloire.

Au lieu d'accepter la paix et de paraître la subir malgré nous, hâtons-nous de prendre les devans; emparons-nous de l'honneur insigne et nouveau de la fonder; prouvons à ceux qui prétendent nous l'avoir donnée, qu'ils n'en avaient pas eux-mêmes le secret, et que c'est nous, les premiers, qui l'aurons su faire. Jusqu'ici incertaine, dépendante des traités et des rois, rendons-la constante, en la faisant passer tout entière dans nos institutions, et que, partageant notre amour et nos soins avec la liberté dont elle est sœur, elle participe avec elle aux mêmes garanties, à la même sécurité.

Qui nous gêne? quel obstacle nous retient? pourquoi hésitons-nous? La voilà cette contradiction de notre libéralisme, cet esprit qui veut, et cet esprit qui ne veut pas. Libéraux, écoutez-moi.

Si le gouvernement s'avisait aujourd'hui de présenter à nos délibérations constitutionnelles une loi manifestement ennemie de nos droits civils, sans doute l'indignation et le mépris universels en feraient une prompte et sévère justice. Eh bien! soyons sincères, et consultons-nous au fond du cœur. Si maintenant il s'agissait d'une résolution toute guerrière, s'il s'agissait d'un projet de vengeance, de représailles ou de conquêtes, que ferions-nous pour la plupart? Combien peu seraient assez forts pour résister aux conseils d'un patriotisme malentendu, aux murmures d'un faux honneur, aux attraits d'une fausse gloire, à toutes les habitudes de l'orgueil militaire! combien peu auraient assez de courage pour ne pas voler aux armes! combien peu seraient assez sagement français, pour ne pas accepter la loi avec transport, assez franchement libéraux pour la repousser avec autant d'indignation et de fermeté qu'ils auraient fait l'autre? Et cependant il n'y a pas de milieu; qui veut celle-ci, doit, pour être conséquent, vouloir aussi la première.

En effet, sans compter que la domination ne peut engendrer, pour dernier résultat,

que l'asservissement et la ruine du peuple
dominateur, ne savons-nous pas que notre
constitution, dans l'état où elle est encore,
n'a vraiment de lois libérales qu'avec la
paix; que la guerre une fois déclarée, lui en-
lève tout à coup le pouvoir de protéger nos
droits; que la Charte, comme suspendue
par elle-même, nous livre à la merci de la
force exécutive, devenue alors toute-puis-
sante ? Et qui oserait prétendre qu'en un tel
état de choses, un caractère ambitieux, en-
treprenant et habile, ne se portera pas à braver l'opinion, à renverser les lois, à mettre
les corruptions et les vils intérêts de la tyrannie à la place des vertus et des intérêts
généreux de la liberté ? Qui l'oserait, sans
craindre de mentir à l'évidence? Qui l'oserait,
après l'expérience terrible de nos dernières
années?

Ainsi, par le seul fait de son existence, la
guerre met en péril, tout ensemble, et l'indépendance de la patrie, et la liberté du citoyen. Et nous, nous libéraux, nous qui ne
pouvons, sans mauvais humeur, souffrir la
plus légère infraction à la lettre de nos lois;
nous qu'épouvante l'ombre même d'une mesure arbitraire de la part d'un ministre, nous

souffrons en nous des mœurs si peu libérales !
Nous ne sommes pas effrayés de cette passion téméraire, à laquelle rien ne manque
dès à présent, que l'occasion de prendre son
essor, et de nous conduire encore une fois
de triomphe en triomphe, quelques-uns à
la tyrannie, tout le reste à la servitude ! Quoi !
nous aimons la liberté, et nous aimons la
guerre !

Osons donc le reconnaître et le confesser :
nous ne méritons pas encore le nom que nous
nous sommes donné. Nos affections ne sont
pas assez pures, nos principes assez fermes et
assez constans ; enfin, et pour trancher le
mot, nous avons des pensées qui trahissent
notre cause, qui trahissent la liberté.

Si donc le danger est manifeste, si le danger vient de nous, libéraux, hâtons-nous de
le détruire ; et, concevant de nous-mêmes
une méfiance salutaire, prenons au plus vîte
des garanties contre nos propres faiblesses ;
mettons-nous, s'il se peut, dans l'impossi-
bilité de faillir.

Me demanderez-vous ce que nous avons
à faire pour cela ? Je crois l'avoir déjà fait
entendre. En résumé, je le répète : deux

choses aujourd'hui nous sont nécessaires, et nous sont faciles :

La première, c'est de montrer à l'Europe que nous avons répudié et quitté sans retour notre vieille passion de conquérir et de dominer; et non plus cette fois de l'abuser en nous abusant nous-mêmes, par une déclaration solennelle que puisse quelque jour faire révoquer le prétendu besoin des circonstances; mais de la convaincre par un fait, par une mesure vraiment libérale, grande et magnanime.

La seconde, c'est enfin de brûler le pont, et de fermer pour jamais le retour à la tyrannie militaire, la seule dorénavant qu'il soit pour nous raisonnable d'appréhender.

Or, il n'est qu'un moyen de remplir ces deux conditions; et ce moyen suffit à toutes deux pleinement :

C'est d'abolir chez nous le métier de soldat; c'est de n'avoir plus dans la cité que des citoyens, de faire rentrer tous les intérêts nationaux dans la justice, et de renfermer l'ambition civile dans ses ressources véritables et légitimes, celles du travail, celles

de la vertu, car ces deux mots n'ont qu'une
même pensée : l'activité productive est nécessairement bienfaisante (1).

---

(1) Quand je dis : *Abolir le métier de soldat*, ce n'est
pas à dire qu'il faille négliger toute précaution de défense, qu'il faille démanteler nos places, dégarnir
nos arsenaux, et renoncer à toute organisation de
forces militaires.

Je veux au contraire que, fidèles au principe, nous
nous empressions de constituer nos forces défensives
sur leur véritable base; mais, cette base, il ne faut la
chercher nulle part, je le répète, que dans les besoins
de l'indépendance et de la liberté.

Que nos gardes nationales soient faites ce qu'elles
doivent être ; dès lors il ne nous en faut pas d'autres.

Et par ce nom de *garde nationale*, je n'entends pas
seulement les citoyens qui n'auraient point fait la
guerre, ou qui, depuis long-temps, seraient rentrés
dans les habitudes pacifiques et industrielles. Les sol-
dats de nos dernières armées, depuis le jour de la
paix, ont pu reprendre tous leurs droits de cité.
Qu'ils soient donc, sous tous les rapports, citoyens
de fait et de droit; que la valeur et la liberté s'embras-
sent enfin ; que nos braves se rangent de nouveau
dans la garde nationale d'où ils furent tirés; que le
repos des armes les rende aux arts utiles, et leur per-
mette de contracter dans le commerce des intérêts na-

Voilà notre tâche d'aujourd'hui; voilà ce qu'attendent de nous, et nos libertés encore inquiètes, et le besoin national d'une nouvelle prospérité et d'une gloire nouvelle.

Allez-vous m'objecter les précautions d'une défense légitime, et les chances incertaines de la bonne foi étrangère, cet éternel prétexte des gouvernemens pour s'entourer d'un appareil terrible au sein de la paix, et pour comprimer le courage civil dont ils n'ont pas besoin, et qui leur fait peur.

Les peuples de l'Europe se sont vengés : ils se retirent satisfaits; ils nous ont prouvé que notre indépendance leur était bonne.

---

tionaux, un esprit vraiment national. — Guerriers citoyens, leur bravoure deviendra toute civile, et n'aura plus rien dont se puissent alarmer nos droits, qui seront aussi devenus les leurs.

Je n'entre pas dans le détail de cette organisation si nécessaire ; c'est une question assez grande pour être traitée *ex professo*, et qui demande un long travail de méditation. Peut-être oserai-je un jour l'aborder ; en attendant, je le livre au plus habile, comme une matière digne, à tous égards, d'occuper le génie du libéralisme.

Où voyons-nous, après cela, des menaces de guerre, ou des raisons de méfiance ? Nulle part. Et d'ailleurs, est-ce jamais en France que le courage peut se trouver en défaut, que le dévouement peut manquer à la patrie ? Non, je ne crois pas à la lâcheté du citoyen français; je ne crois pas que, pour s'entretenir parmi nous, la valeur ait besoin d'être un métier. Les premières années de la révolution ont réfuté d'avance toutes les objections que le zèle de l'arbitraire, toutes celles que la manie de battre et la fureur de vaincre peuvent emprunter à un patriotisme timide et trop circonspect.

Que signifie donc cet empressement à relever nos premières forces militaires ? Citoyens libéraux, ne voyez-vous pas que vous travaillez contre vous-mêmes, et qu'il y aura des *pékins* tant qu'il y aura des états-majors, comme autrefois il y avait des gentilshommes et des vilains ?

Ne semble-t-il pas, en vérité, que ce soit déjà après partie revanche, et qu'on doive tout à l'heure se remettre en campagne ? Ou bien, avec tout notre courage et tout notre esprit national, sommes-nous donc si peureux, croyons-nous si peu à notre patriotisme, ou même à la patrie, qu'il faille nous tant rassurer contre des périls à venir et imaginaires, au risque de nos espérances les plus belles et les plus raisonnables; qu'il faille consommer autant qu'il est en nous la ruine de notre fortune , retirer encore au commerce et à l'industrie le peu de soutiens qu'une gloire meurtrière leur avait au moins rendus? Et cela, pour quelle nécessité si pressante et si grande? Pour nourrir dans une oisiveté malsaine et pour eux et pour nous, des légions innombrables d'hommes armés qui viendront faire la parade sur nos places publiques...., en attendant qu'on les ait façonnés, par une sévère discipline, à cette obéissance passive, si nécessaire au jour du combat, mais, par-dessus tout, si utile et si commode pour le despotisme, qu'apparemment nous aimons beaucoup.

Soyons plus conséquens ; comptons un peu mieux sur les forces de la liberté, et de l'indépendance , et n'allons pas indiscrétement recréer pour elles des forces dont elles n'ont plus besoin, et dont on a toujours besoin contre elles.

Un homme que les médecins, par un bonheur assez rare , avaient délivré d'une maladie mortelle, s'avisa de continuer, pendant sa convalescence, l'usage de certaines potions qui flattaient son goût (chacun a le sien, comme on sait, et celui-là en valait un autre). Mais qu'arriva-t-il ? Le remède, n'ayant plus de mal à combattre, s'en prit à la santé qui était là, et le pauvre convalescent paya cher l'erreur de sa friandise. Au lieu de reprendre plus vite ses forces, comme il se l'était fait accroire, il périt bientôt, empoisonné par ce même breuvage qui d'abord lui avait rendu la vie.

Le malade en convalescence, c'est la France rendue à l'espoir d'être libre ; le breuvage tour à tour salutaire et empoisonneur, c'est la guerre. Après nous avoir sauvés au commencement, elle a déjà manqué plusieurs fois de nous perdre. Prenons-y garde ; c'est un remède violent qui se tourne en poison, et devient mortel du moment qu'il n'est plus nécessaire.

FIN.

www.ingramcontent.com/pod-product-compliance
Lightning Source LLC
Chambersburg PA
CBHW070944280326
41934CB00009B/2005